COMPTE-RENDU

D'UN

VOYAGE EN ALSACE-LORRAINE

FAIT EN AOUT 1901,

PAR

M. LUCIEN FRETIN,

Licencié d'Histoire et de Géographie,

LAURÉAT DU PRIX PAUL CREPY.

Extrait du Bulletin de la Société de Géographie de Lille (Janvier 1903).

LILLE,

IMPRIMERIE L. DANEL.

1903.

COMPTE-RENDU

D'UN

VOYAGE EN ALSACE-LORRAINE

FAIT EN AOUT 1901,

Par M. LUCIEN FRETIN,

Licencié d'Histoire et de Géographie,

LAURÉAT DU PRIX PAUL CREPY.

AUX PAYS ANNEXÉS

Il s'est trouvé que le premier Lauréat du Prix Paul Crepy, fondé en 1901 par Mme Crepy à qui j'adresse ici l'expression de ma profonde gratitude, a dû faire un pèlerinage. C'est en effet en Alsace que je vais vous conduire, dans cette Alsace où vous menait encore en Janvier 1902 mon excellent maître M. Haumant, et dont on ne nous parlera jamais assez.

La plus grande latitude m'ayant été laissée pour mon itinéraire et M. Nicolle ayant approuvé le programme succinct que je lui avais soumis, j'avais l'intention de me rendre d'abord à Metz et à Nancy, puis de gagner Saverne et, de là, de descendre le long des Vosges jusqu'à Belfort, sans négliger les villes de la plaine alsacienne ; puis (ceci était hors du programme, aussi n'insisterai-je pas sur cette partie de mon voyage) de regagner Lille après une pointe vers Constance et une traversée de la Forêt-Noire, en suivant à peu près la vallée du Rhin jusqu'à Cologne.

Dans les derniers jours de Juillet, je pris donc un matin le train de Nancy. Je ne vous parlerai pas du trajet, que vous connaissez pour la plupart aussi bien que moi, à travers les grasses prairies du Hainaut français, le long de la riche vallée de la Meuse, puis par les derniers taillis et les derniers schistes des Ardennes, enfin à travers les vastes cultures de la Woëvre monotone. Après Mars-la-Tour où l'on voit à droite le monument de la bataille près de la gare, le pays change d'aspect : par Chambley et Arnaville nous descendons maintenant dans la verdoyante vallée de la Moselle. Voici la vaste gare de Pagny ; le train de Metz est là sous pression. Mon voyage va vraiment commencer. A Novéant nous sommes en pays annexé : voici le premier casque à pointe porté par un géant en tunique verte : un gendarme qui dévisage tout le monde d'un air rogue. Voici le premier soldat allemand qui monte dans mon compartiment. Impression peu favorable : son dolman bleu de ciel est taché et il redresse à coups de botte le fourreau tordu de son sabre ! Nous longeons à droite la Moselle couverte de bateaux.

A quelques kilomètres de la frontière, sur un mamelon isolé, le Saint-Blaise, d'importants terrassements attirent la vue : ce sont les travaux de l'énorme fort Hœseler qui domine la gare française de Pagny. D'ailleurs les Allemands remuent beaucoup de terre en ce moment. A gauche de la voie, dominant l'étroite vallée de la Mance, au milieu des bois, sur le Gorgimont, c'est le Fort Prince Impérial où monte un Decauville ; plus loin vers le Nord-Ouest, j'ai pu voir le lendemain les ouvrages de Saulny, de Rozérieulles, du Point-du-Jour en plein champ de bataille de Gravelotte et dont les canons commandent la gare française de Batilly sur la ligne de Verdun. Tous forts en voie d'achèvement et destinés à renforcer encore cette puissante place de Metz, « tête de bélier formidable à notre porte même ».

Enfin nous approchons de Metz. Les abords sont tristes pour un Français , gare allemande avec les salles d'attente converties en cabaret malpropre , dehors cette vaste caserne neuve « Friedrick-Karl ». Mais une fois franchie la porte Serpenoise, près de laquelle se dresse la vieille tour Camouffe, reste des fortifications qui résistèrent à Charles-Quint, nous sommes dans la vieille ville ; nous pourrions nous croire dans une ville française quelconque de l'Est sans la présence d'innombrables soldats : un sur trois passants pour le moins : infanterie sombre, dragons bleu de ciel à col jaune, blanc ou rouge suivant le corps, uhlans, bleu foncé à plastron grenat, artilleurs coiffés du casque à boule, officiers portant admirablement des uniformes chatoyants ou la capote grise si élégante, et engoncés dans des cols très hauts et serrés. Metz a 25.000 hommes de garnison !

Mais nous voici sur l'Esplanade. Ney se dresse devant nous : plus loin, lui tournant le dos, une statue équestre de l'empereur Guillaume Ier regardant vers la France et dominant le charmant panorama qu'offre ici la Moselle et les îles Saulcy et Saint-Symphorien avec leurs jardins et leurs bouquets d'arbres. On a retiré la fameuse sentinelle qui gardait l'image du vieil empereur contre certaines plaisanteries gauloises des bons Messins. Mais elle n'est pas perdue pour tout le monde : « Il y avait près de l'Esplanade, derrière le Palais de Justice — me dit le Messin qui me pilote et chez qui j'ai reçu la plus cordiale des hospitalités, l'hospitalité lorraine — un petit coin de jardin où les vieux Messins se réunissaient pour parler du temps passé. Ils étaient là plus à l'aise que sur l'Esplanade envahie par les officiers raides et gourmés, les fonctionnaires allemands et leurs familles. C'était un petit coin de France : l'administration allemande, pleine de bienveillance, a choisi ce petit coin pour y placer une statue en bronze de Frédéric-Charles ! » et la fameuse sentinelle s'y est transportée avec sa guérite.

Metz ne manque pas de curiosités : sa vieille cathédrale gothique à la nef immense ; la porte des Allemands aux tours massives, les tanneries le long de la Seille, la Gerberstrasse avec ses maisons pratiquées sous une autre rue à laquelle on accède par des escaliers, la Place d'Armes et la statue du maréchal Fabert dont l'inscription semble une ironie douloureuse dans la ville livrée par Bazaine : « Si pour empêcher qu'une place que le roi m'a confiée ne tombât aux mains de l'ennemi, il me fallait mettre à la brèche, ma personne, ma famille et tout mon bien, je ne balancerais pas un moment à le faire ».

Tout cela c'est la Metz française. La Metz allemande ce sont ces immigrés qui constituent aujourd'hui la moitié de la population ; ce sont les brasseries : la Germania, le Colosseum ; ce sont tous ces commerçants établis sous les arcades de la place St-Louis et qui changent tous les mois.... après faillite. Cependant la germanisation à peu près nulle dans les campagnes (il y aurait plutôt sur certains points une colonisation italienne par suite de l'affluence des travailleurs de la péninsule) a réussi un peu ici à cause du départ de nombreux Messins pour Nancy et Paris. Mais les Messins d'origine ont réussi à garder la moitié des sièges au conseil municipal ; ils ont leurs journaux : le *Lorrain*, le *Messin* rédigés en français ; leurs enfants parlent notre langue et ils en font de bons Français : j'en ai vu des exemples. Ils sont silencieux et tristes dans les rues où les immigrés passent bruyants. C'est ce qui fait illusion. — Mais quand on pénètre dans leur intimité, on est joyeux et ému de voir la constance de ces braves gens.....

Le lendemain était consacré aux environs de Metz : Jouy d'abord où subsistent 11 arches de l'aqueduc romain, haut de 18 mètres et long de plus de 1.800, que Drusus fit construire pour amener l'eau à Divodurum, la Metz actuelle. Ces arches sont fort pittoresques avec les plantes grimpantes qui les couvrent en partie et les vieilles maisons qui s'appuient contre elles et semblent ne plus faire qu'un avec elles. Puis nous remontâmes l'étroite et profonde vallée de la Mance pour déboucher sur le plateau entre Gravelotte et Rézonville. A partir de là vers le Nord, jusqu'à St-Privat et St-Marie-aux-Chênes, nous marchons sur des tombes. Partout des tombes dans cette triste plaine, parcourue de routes bordées de maigres pommiers et pruniers, avec quelques bouquets d'arbres autour des fermes héroïques : Flavigny, la Malmaison, tant de fois prises et reprises....., et plus à l'Est le long des taillis bordant la grande coupure de la Mance : Moscou, Leipsick, St-Hubert et son ravin pittoresque et sinistre où « les mitrailleuses firent merveille » sur les Prussiens tentant en vain le 18 Août de le traverser pour aborder les positions françaises : témérité que rappelle, dans le bois des Génivaux, un chasseur à pied prussien, le fusil au poing, semblant marcher encore à l'assaut du Point-du-Jour. Partout dans les blés ou dans les vastes carrés de betteraves ce sont des croix de fonte noire : « Hier rühen Krieger ». — Ici reposent des guerriers : 20, 50 ou 300 ? français ou allemands ? l'inscription en général ne le dit pas ; ce sont des braves, « des guerriers ». Les Allemands — et c'est une justice à leur rendre — entretiennent avec un égal respect toutes les tombes, qu'elles contiennent des soldats de Frédéric-Charles ou de l'armée du Rhin. On reconnaît là leur souci ordinaire d'honorer l'héroïsme militaire : c'est encore ce souci qui leur fait organiser pour les soldats de Metz des pèlerinages sur ces champs de bataille : nous en rencontrons plusieurs fois, en uniformes, groupés autour des monuments qui rappellent qu'ici tel corps saxon ou prussien perdit le tiers ou le quart de son effectif : pyramides ou effigies de soldats, anges armés du glaive, aigles serrant un drapeau dans leurs serres. — C'est toujours d'ailleurs dans le même but de donner au soldat allemand l'orgueil de sa force et l'invincible confiance en elle qu'on lui met sous les yeux dans les chambrées et dans les couloirs de ses casernes (par exemple à « Friedrick-Karl » où j'ai pu pénétrer) entre les rateliers où sont rangés les Mannlicher, ces inscriptions que j'ai relevées : « Nous, Allemands, nous ne craignons que Dieu seul ! » et d'autres du même genre, et le cri de ralliement des Pangermanistes : « Deutschland über alles ! » — (Hégémonie de l'Allemagne !)

J'avais l'intention de pousser jusqu'à St-Privat « tombeau de la garde royale prussienne » quand, en entrant à Amanvillers, nous fûmes surpris par un orage si violent qu'il fallut gagner au plus vite la gare où nous attendîmes un train pour rentrer à Metz. Je ne voulais pas quitter la vieille cité sans pousser jusqu'au cimetière de l'île Chambière où dorment les blessés des batailles de 1870, morts dans les hôpitaux de la ville. Il pleuvait : cette pluie, la boue sur la grande route bordée de marronniers, tout évoquait le souvenir de la capitulation, du morne défilé de 180.000 hommes désarmés, la tête basse, livrés et non vaincus, prenant le chemin des forteresses allemandes. A la porte du cimetière un poste de soldats ; au milieu des tombes françaises et allemandes (car c'est là aujourd'hui le cimetière militaire allemand) une pyramide s'élève, chargée de couronnes sans cesse renouvelées : « Les Femmes de Metz à ceux qu'elles ont soignés », et de l'autre côté : « A la mémoire des 7,253 soldats français, morts dans les ambulances de Metz », et sur une autre face cette citation tragique de l'Écriture :

Malheur à moi !
Fallait-il naître pour voir la ruine de mon peuple,

La ruine de la cité
Et pour demeurer au milieu pendant qu'elle est livrée
Aux mains de l'Ennemi !
Malheur à moi !

Metz n'a pas oublié et chaque année en Août se célèbre à la cathédrale le service institué par l'évêque patriote, Mgr Dupont des Loges, à la mémoire des Français morts à Metz. C'est une occasion pour la population française de se grouper en face des immigrés et de montrer son attachement à la France.

Les Allemands, non plus, n'ont pas oublié « Die für immer süss denkwürdige Capitulation von Metz ». (La capitulation à jamais doucement mémorable de Metz). Ils se sont attachés à rendre Metz imprenable. J'ai parlé des fortifications nouvelles : ce n'est pas tout : ils ont entouré Metz d'une sorte de deuxième enceinte formée de batteries détachées à 2 kilomètres de la place.

De Metz je gagnai Nancy. Le train suit l'industrieuse vallée de la Moselle. Après Novéant, ce sont partout des forges, des hauts-fourneaux à Pompey, Frouard, Champigneulles. Au pied de la forêt de Haye, on quitte la Moselle pour la Meurthe et bientôt apparaît Nancy. Les larges et belles rues, le superbe parc de la Pépinière en plein centre de la ville, la place Stanislas, l'Arc de Triomphe, la place Carrière, l'Hémicycle, la Cathédrale : c'est le Nancy de Stanislas. A côté, rues tortueuses, porte de la Craffe, Palais ducal (actuellement musée Lorrain), c'est le vieux Nancy de René de Vaudémont. Autour, le Nancy moderne avec le cours Léopold, l'Université et les faubourgs industriels de Maxéville, des Tanneries, etc. Mais je ne vous parlerai pas beaucoup de Nancy. Nos congressistes y étaient et ont dû longuement vous en parler. Pour moi j'en ai gardé un si doux souvenir que je craindrais d'être partial. J'y suis retourné deux fois depuis l'an dernier : c'est vous dire combien j'aime cette charmante ville. D'ailleurs si j'en conserve un si bon souvenir, c'est beaucoup grâce au Congrès de Géographie et à l'excellent accueil que m'ont fait ses Membres. Et je serais bien ingrat si je ne remerciais pas ici particulièrement M. Gauthiot, Secrétaire de la Société de Géographie commerciale de Paris, notre Président M. Nicolle et mes excellents maîtres M. Merchier et M. Haumant, dont je n'oublie pas le très aimable accueil à Vandœuvre.

Après Nancy, après Toul et sa vieille cathédrale, dominée par l'énorme masse du fort St-Michel, jusqu'où je poussai une pointe le long de la verte vallée de la Moselle, en passant par Liverdun, le vieux nid celtique aux murs grimpant allègrement le long d'une côte escarpée, j'avais hâte d'aborder les Vosges.

Rien de bien intéressant dans le trajet de Nancy à Saverne : une vieille basilique à St-Nicolas, une autre à Lunéville, puis on quitte la vallée de la

Moselle pour les étendues monotones du plateau de Lorraine. Peu de villages : Avricourt n'est qu'une station. Voici l'étang de Gondrexange, le canal des Houillères, Sarrebourg, siège de la 59e brigade d'infanterie et d'une de uhlans. Je voyage avec un Sarrebourgeois qui parle aussi bien français que vous ou moi, et un Nancéen, Alsacien d'origine, qui va passer ses vacances chez son oncle, instituteur à Brumath, près de Strasbourg : il m'affirme que l'on continue à enseigner le français à l'école de Brumath, ce qui ne laisse pas de m'étonner.

Voilà les Vosges : un vieux château, Lutzelbourg, un tunnel, des ponts, cinq tunnels à la file, la délicieuse vallée de la Zorn dont je ne reconnaîtrai le mérite que demain, car aujourd'hui, le soir qui tombe, la poussière, l'âcre fumée de la locomotive me désenchantent un peu. Enfin c'est Saverne : type parfait de la vieille cité alsacienne : une grande rue qui monte avec des maisons à pignon sculpté, des cigognes, le palais de grès rouge du cardinal-évêque de Strasbourg, prince de Rohan. Beaucoup de soldats qui ont ce palais pour caserne. Il paraît que Saverne est très germanisée. C'est possible : je me suis très bien débrouillé avec le français, comme partout en Alsace d'ailleurs, m'étant bien promis de ne pas savoir un mot d'allemand tant que je serais entre Wissembourg et Belfort.

Je restai quelques jours à Saverne. Les environs sont fort attrayants : forêts superbes, vieux châteaux que je vais visiter, comme le Greifenstein, le Hoh-Barr qui semble ne faire qu'un avec les rochers de grès rouge qui le supportent et qui, perché à une hauteur vertigineuse au-dessus de la vallée de la Zorn, permet d'en fouiller tous les recoins : qualité précieuse pour les bons pillards qui établirent là leur « bùrg » sur le lieu de passage obligé de Lorraine en Alsace. Aujourd'hui une guinguette avec des tonnelles a pris la place de la salle des Chevaliers et les Savernois vont danser là où buvaient les reîtres. Plus loin c'est le grand et le petit Géroldseck avec leurs grosses tours. Et tout ceci bien admiré, je descends à travers bois, parfois plus vite que je ne voudrais, vers la Zorn. Je la suis sur quelques kilomètres : ses eaux poissonneuses, bouillonnant sur les roches, longent le tranquille canal de la Marne au Rhin, aux rives gazonnées, aux eaux presque claires et qui ne rappelle la Deûle que de très loin. Je traverse la Zorn sur un tronc d'arbre dont la solidité m'inspire de légitimes inquiétudes ; puis le canal à l'écluse prochaine et je remonte vers Phalsbourg par un sentier de forêt, le long de la Brünnenthel, en passant par les Baraques — vous les connaissez les fameuses Baraques de « Waterloo » et de « l'Histoire d'un Paysan ». — Les Baraquins n'ayant soulevé aucune difficulté à mon passage (ils se sont civilisés depuis Erckmann-Chatrian), je débouche dans une plaine d'aspect froid et morne : c'est l'extrémité du Plateau de Lorraine et voilà Phalsbourg.

La pauvre ville est bien triste aujourd'hui : vidée par l'émigration, la patrie de 17 généraux de l'Empire, « la pépinière des braves » semble morte, malgré une garnison assez nombreuse. La grande Place d'Armes, où se dresse la statue de ce garçon boulanger, Mouton, qui devint maréchal et comte de Lobau, est déserte. Détruits, ces glorieux remparts où patrouillait le vieux Moïse du « Blocus » et qui résistèrent si vaillamment, en 1814 avec Moulin ; en 1870 avec Taillant ! Leurs pierres, transportées par le canal de la Marne au Rhin ont servi à édifier les nouveaux forts de Strasbourg. Seules, les portes de France et d'Allemagne sont restées debout. Je descends par cette longue côte de Saverne que Victor Hugo a si superbement décrite et, en passant, j'entre au cimetière de Phalsbourg : il me semble que je serai là en terre française. Quelques tombes allemandes, mais toutes les autres ont des inscriptions françaises. Que de braves, qui avaient échappé aux déserts d'Égypte et aux neiges de Russie, dorment ici leur dernier sommeil, autour du baron Parmentier, cet ancien maire de Phalsbourg que les lecteurs d'Erckmann-Chatrian connaissent bien. Nulle part on ne trouverait un si grand nombre de soldats retraités couchés les uns près des autres et ces mots :

« Chef d'escadrons, capitaine d'infanterie, colonel en retraite, chevalier, officier de la Légion d'honneur », courant le long de ces humbles tombes semblent leur faire une auréole d'héroïsme et de gloire.

Je rentre à Saverne par le Karlsprùng, un rocher remarquable par sa hauteur et auquel naturellement se rattache une vieille légende.

Le lendemain, en route pour Strasbourg. Après les houblonnières, les prairies et les champs de betteraves qui couvrent la plaine d'Alsace, apparaît l'énorme et monumentale gare de Strasbourg. Tout ce côté de Strasbourg est neuf, ayant été édifié sur les ruines du Faubourg de Pierre, brûlé en 1870. Les Allemands ont su faire place nette : un bombardement de trente-et-un jours ; 195.000 obus lancés sur la ville ; le Musée de Peinture qui renfermait des toiles précieuses du Tintoret, du Corrège, de Véronèse, de Jordaens, de Philippe de Champaigne, etc., brûlé ; la Bibliothèque et ses milliers d'incunables, brûlée ; le Temple-Neuf, brûlé ; la Cathédrale flambant, sa toiture effondrée, l'orgue éventré, les vitraux en pièces, les statues mutilées ; enfin l'Hôpital civil, encombré de blessés, servant de cible aux artilleurs allemands ! — 500 maisons réduites en cendres ; 2.000 habitants mutilés, la population décimée, 8.000 malheureux entièrement ruinés vivant dans des caves, des trous, des huttes misérables. Voilà, n'est-il pas vrai ? des preuves de l'affection extrême des Allemands pour leurs frères d'Alsace-Lorraine et ceux-ci doivent leur être reconnaissants des belles rues et des superbes squares que les conquérants ont tracés au milieu des ruines.

Une fois franchi le bras de l'Ill que longent les quais Kléber, Kellermann, Desaix, on entre dans la vieille ville, aux maisons à pignon, aux trois ou quatre étages de greniers logés sous des toits immenses en tuiles grises sur lesquels volent les cigognes : c'est la vieille église St-Pierre, la belle place Kléber avec un vieux bâtiment de grès rouge, l'Aubette, où s'est logée la « Kommandatùr », et la statue du général, lieu de pèlerinage annuel des étudiants alsaciens après un banquet où l'on a chanté le « Père la Victoire » et la « Marche Lorraine ». — Pour aller à la Cathédrale, je suis la rue des Arcades, la place Gutenberg où s'élève la statue du célèbre Mayençais. J'entends autour de moi parler français, car nous sommes ici dans la vieille ville, où les immigrés n'ont guère pénétré. Beaucoup d'enseignes en français et je fais une constatation curieuse : depuis l'entrée en vigueur au 1er Janvier 1900 du nouveau code civil, tous les négociants doivent mettre sur leurs enseignes leurs prénoms à côté de leurs noms. Naturellement tous ceux qui sont nés avant l'annexion portent des prénoms français. Voilà un excellent renseignement pour le voyageur français qui sait désormais où entrer, sans crainte de tomber sur un naturel de Poméranie. — Des livres français dans les librairies : Bourget, Daudet, Zola, les études historiques de Chuquet. — Enfin, au bout de la rue des Merciers, entre une vieille maison de bois à façade délicieusement sculptée, la Kammerzell, et le Musée, ancien palais du cardinal de Rohan (bien pauvre depuis la guerre), voici la Cathédrale, l'œuvre d'Erwin. Je n'ai pas l'intention de vous faire une description complète des beautés du « Münster ». La façade est un chef-d'œuvre de ciselure : Clovis, Dagobert, Rodolphe de Habsbourg, Louis XIV à cheval, Othon, Charles-Martel, Louis-le-Débonnaire, Charles-le-Chauve y figurent comme à un rendez-vous. Clochetons, rosaces, arabesques de fines nervures qui semblent défier le ciseau, tout cela est admirable. Mais surtout, ce que je ne saurais rendre, c'est la majesté de l'ensemble et cette couleur du vieux grès rouge qui, sous des étés et des hivers innombrables, a pris une patine dorée et sombre à la fois, dont flamboie la façade, quand les derniers rayons du soleil viennent la frapper. L'intérieur contient une chaire, délicat travail de la Renaissance, où pour le moment on prêche en français, et la fameuse horloge astronomique qui, pour faire de l'opposition probablement, continue à sonner l'heure française (50 minutes après les horloges allemandes). On s'écrase devant elle, car il est midi, et l'on peut voir défiler les 12 apôtres bénis par le Christ d'un mouvement uniforme et entendre un coq de bois (le coq de saint Pierre) chanter trois fois d'une voix enrouée, en battant des ailes.

Je grimpe les 325 marches de la plate-forme.... où je tombe sur un groupe de congressistes de Nancy, venus là en excursion. On vend des cartes postales naturellement et il y a foule autour de l'éventaire du vieux gardien. Je grimpe encore jusqu'à la couronne « qui n'est pas pour les personnes sujettes au vertige » affirme mon Bædeker. Je vous prie de croire que non et que l'on ne serait rien moins que rassuré, si l'admirable vue du Rhin, des Vosges et de la Forêt-Noire ne venait distraire l'attention. Je ne m'attarde pas à déchiffrer toutes les inscriptions gravées sur la pierre depuis Voltaire qui en donna l'exemple et dont on..... entretient pieusement la signature..... et me voilà parti vers le Strasbourg français du XVIIIe siècle : c'est la belle promenade du Broglie avec le théâtre, l'hôtel de ville et la statue de Lezay-Marnésia, préfet du Bas-Rhin sous le premier Empire et dont le souvenir est resté vivace chez les Alsaciens.

Au delà de l'Ill, c'est la promenade de Contades avec ses grands vieux arbres et plus loin le magnifique et ancien parc de l'Orangerie où l'art des jardins a prodigué ses plus éclatantes combinaisons, mariant palmiers et orangers aux sapins et aux épicéas. Je vous recommande un chalet-restaurant où l'on trouve de tout, sauf de la bière ! Pas de bière ! à Strasbourg !

A côté de l'ancien Strasbourg, entre l'Ill et l'Orangerie, une ville nouvelle s'étend, édifiée par les Allemands ; mais elle est loin d'être peuplée encore. Ce nouveau Strasbourg est large, somptueux, mais un peu vide et morne. Ce n'est plus Strasbourg : c'est une création du conquérant se juxtaposant à l'œuvre indigène. De grands édifices, fort beaux d'ailleurs : la Poste dans le style gothique anglais, l'Université, le Palais de la Délégation régionale et le Palais Impérial surtout (entrée : 25 pfennigs). Je ne sais si les 25 pfennigs entrent au trésor impérial, mais j'inclinais vraiment à le croire : tickets, guichet.... c'est une comptabilité en règle. Vous chaussez de grosses pantoufles, taillées évidemment pour recevoir des bottes teutonnes et la promenade commence, sous l'œil sévère du concierge-cicerone : ne la manquez pas si vous allez à Strasbourg : vous y verrez que la légendaire économie des Hohenzollern n'a pas diminué.

C'est ainsi que l'on fait les bonnes maisons....

C'est une exposition de marbres (chaque salle est d'un marbre différent) et de housses couvrant les meubles et cachant les tentures : mais on a eu soin, pour étonner les bons Allemands qui sont là et qui ouvrent des yeux grands comme des portes cochères, de découvrir « un fauteuil dans chaque salle et un coin de tapisserie ». Vous êtes prié d'admirer : c'est le cicerone qui vous y convie dans un charabia franco-allemand des plus réjouissant. Avec un.... bon goût qu'on ne saurait trop louer, on a décoré les murs des salons, où le vainqueur reçoit les vaincus, de tableaux représentant des épisodes de 1870. — L'Empereur a été plus adroit en mettant à la place d'honneur dans son cabinet de travail les portraits de Jean-Bart et de Turenne. Avec un sérieux désopilant, un Parisien qui m'accompagne, soupèse l'encrier impérial et m'affirme gravement que c'est du « toc ». — Mais c'est méchanceté pure. — Quoique après tout, le grand Frédéric comptât bien les cerises qui paraissaient sur sa table.

Je retourne à la gare, non sans lire en route des affiches qui m'informent que l'on joue « Mamsell' Angot » à l'Eden-Theater, « Die Dame von Maxim » au Tivoli-Theater, « Die Mùsketier im Damenstift » (les Mousquetaires au couvent) au Théâtre-Municipal et qu' « Yvette Guilbert viendra se faire entendre » einmal (une fois). — Bizarre manière d'apporter aux Strasbourgeois la civilisation allemande.

Le jour suivant, je confiais mes bagages au chemin de fer et n'emportant que le nécessaire, sac au dos, et guêtré, je partais de Saverne, à pied cette fois, avec l'intention d'aller prendre gîte à Wangenbourg : une étape de 35 kilomètres avec les détours que je comptais faire, et toujours dans les bois, par les chemins de traverse, beaucoup plus agréables à mon avis que les grandes routes, avec leurs détours brusques qui découvrent soudain des horizons inattendus : un ravin, un vieux bùrg perché sur son roc, une croupe éloignée perdue dans le brouillard, une vaste vallée où le vent fait moutonner les sapinières, un coin défriché, inondé de soleil avec une ferme couverte de bardeaux. Mais, un guide ? me direz-vous : le guide, il est tout trouvé dans un excellent Bædeker et dans les marques bleues ou rouges que portent les rochers et les arbres par les soins du Club Vosgien, à la façon du Petit Poucet. Nul danger de s'égarer. Un clair soleil, un air pur, sous les pieds un tapis moëlleux d'aiguilles de pins et de feuilles mortes, et de bonnes jambes, je vous assure qu'il n'y a rien de tel pour faire un heureux et Jean-Jacques qui s'y connaissait avait bien raison de vanter les voyages à pied — car pour la bicyclette, si peu qu'on s'écarte du plat pays, il n'y faut plus songer.

Ce jour-là je vis de nouveau le Hoh-Barr, le grand et le petit Géroldseck, puis les ruines majestueuses d'Ochsenstein. Je grimpai à la Hoube par un chemin rocailleux entre deux murs de pierres sèches et enfin, voici le rocher isolé de Dabo, avec sa chapelle élevée au pape Léon IX qui était de la famille des comtes de Dabo. Il ne reste plus rien dn vieux bùrg, mais on a, de là, une vue magnifique sur les Moyennes-Vosges. Mais le temps menace et je me hâte de gagner Wangenbourg, au pied du Schneeberg, perdu dans la brume et où je suis très étonné d'entendre parler partout le français le plus correct. C'est qu'il y a ici toute une colonie de Strasbourgeois qui viennent y passer leurs vacances.

Le lendemain le temps s'était éclairci. Je traversai la vallée de Wangenbourg, fraîche et calme, coupée de mille petits ruisseaux bruissants et je gagnai la tour du Nideck, perchée au-dessus d'un ravin profond aux parois taillées à pic où un ruisseau se précipite par une chute de 30 mètres. Ce site est le plus joli que je connaisse dans les Vosges avec le lac de Retournemer, et il serait tout à fait charmant si la chute avait plus d'eau.... mais une vanne placée plus haut retient dans un bassin les eaux du ruisseau, ne laisant couler que le trop-plein ; et l'on n'ouvre la vanne que pour les visiteurs de marque qui désirent voir une belle chute..... naturelle ! Je quitte là un couple allemand du Brandebourg qui m'a accompagné : le mari et la femme ont bien 140 ans à eux deux : ce qui ne les empêche pas de trotter à pied par monts et vallées. Voilà des touristes qui n'ont pas froid aux yeux. En route pour le Donon : comme la veille les passants n'abondent pas : je rencontre, au total, un vieux paysan qui m'aborde d'un « Bonjour » retentissant et me demande.... le chemin de Schirmeck Voici le Hengst où Bædeker indique un belvédère : mais il y a de beaux jours que le vent l'a jeté bas. Voici à mes pieds la vallée de la Bruche et près de moi les croupes chauves du Hant de Narion et du Noll. Je traverse une grande sapinière silencieuse dont la pente sans doute empêche l'exploitation, car de vieux troncs, morts de vieillesse et couverts d'une mousse épaisse encombrent le sentier. Il y règne une fraîcheur incomparable. Plus loin se montrent les traces d'un éboulement récent : de gros blocs se sont arrêtés dans leur chute et menacent le voyageur ; d'autres sont allés se perdre dans le ravin en brisant comme des allumettes des sapins de trente ans. Cependant la nuit tombe. Je ne rencontre qu'une cabane d'ouvriers italiens, employés à la route et qu'un plaisant a décoré du nom « d'Hôtel Crispi », mais elle est vide. Personne pour me renseigner et je serais encore en route sans une troupe de bûcherons qui me remet dans la bonne voie. Enfin me voilà sur la route d'Abreschwiller, mais croyant couper au court je descends tout droit la côte escarpée à travers les sapinières et je tombe dans la vallée du Blanru, dont je n'admire guère la beauté, car j'y apprends avec stupeur qu'il me faut encore remonter. J'arrivai à l'hôtel à nuit noire. Il était près de 10 heures et je marchais depuis le matin ; j'étais brisé.

La fatigue ne m'empêcha pas de grimper au Donon le lendemain : c'est au sommet un amoncellement de blocs de grès. Je suis ici sur la montagne sacrée des Celtes. On y a trouvé des débris de sculptures grossières réunis dans un musée ouvert à tous les vents, sorte de temple antique dont l'architecture, d'après Frœhlich, relève du jeu de dominos : ma foi, je ne le trouve pas trop laid, malgré son style pseudo-hellénique ; avec ses gros blocs mal équarris il a un air de construction pélasgique qui ne manque pas de grandeur. J'y rencontre des touristes français et aussi des Allemands, venus là en pèlerinage : car c'est une toquade des Allemands de faire du Donon un lieu sacré de l'ancienne Germanie. Nous voyez-vous revendiquant la forêt de Teutberg comme celtique ?

J'abandonne le Donon pour la vallée de la Bruche, par Grandfontaine, Framont. A gauche, des carrières et un chemin de fer qui transporte les pierres à Schirmeck. J'entre dans cette ville derrière un bataillon allemand en manœuvres. Ici encore règne notre langue, mais plus bas dans la vallée commence le patois alsacien. Le train me transporte de Schirmeck à Heiligenberg à travers un pays monotone aux collines dénudées : La basse vallée de la Bruche manque un peu de pittoresque. D'Heiligenberg je gagne les ruines de Guirbaden et j'ai encore le plaisir de faire cette excursion en compagnie de trois étudiants strasbourgeois qui m'expriment d'une façon touchante leur affection pour la France. Grâce à eux, je vois en détail Guirbaden, ses 14 portes et ses 14 cours et le pays environnant sur lequel on a une vue étendue : ils me montrent au loin, au-dessus de Mutzig, deux taches blanchâtres : ce sont deux forts que l'on construit encore pour barrer la vallée de la Bruche.

Après Klingenthal, la vieille manufacture d'armes blanches, encore des châteaux : ceux d'Otrott (Lutzelbourg et Rathsamhaûsen). Puis je grimpe à Ste-Odile par un sentier sinueux : « Il y a une petite heure » m'a dit mon hôtesse à Klingenthal. L'heure ici doit être très longue, et, de plus, la chaleur est étouffante sur cette montagne grise, sèche, brûlée en ce moment par le soleil, toute parfumée de senteurs résineuses, toute bruissante et bourdonnante d'insectes, sillonnée de lézards vifs. Je rencontre le Mur Païen, ancienne enceinte aux gros blocs mal équarris, qui rappelle les luttes des Gaulois contre les invasions germaniques. J'arrive enfin au couvent fameux, juché sur un rocher à pic de trois côtés : vous connaissez Ste-Odile aussi bien que moi, ayant tous lu le beau roman de René Bazin : « les Oberlé », et entendu la conférence de M. Haumant sur les Vosges. Je ne m'y attarderai pas. Le spectacle qui attend le voyageur sur le plateau dédommage complètement de la fatigue : de là, la vue plane sur un océan de verdure, le regard embrasse une foule de villages qui apparaissent avec leur ceinture de houblon, de vignes et de champs de colza ; au loin la cathédrale de Strasbourg dresse sa flèche majestueuse, plus loin encore se déploient les collines et les bois de la Bavière Rhénane. A l'Orient, par delà le Rhin, se dessinent dans la brume les sommets de la Forêt-Noire ; au Sud, par un temps clair, apparaissent les Alpes Suisses dont les neiges miroitent au soleil.

En suivant le sentier en lacets qui descend vers Barr, on passe par des enchantements perpétuels. Partout la forêt de sapins vous protège de son ombre. A droite, à gauche se dressent des ruines comme Landsberg où je m'arrête : de sa haute tour on aperçoit une foule d'autres bürgs : Spesbourg, Andlau, Birkenfels, Dreistein, Kagenfels, etc. Parfois à travers les éclaircies, j'ai la perspective lointaine de la plaine d'Alsace ; parfois mes regards plongent dans des ravins profonds, où, tantôt les troupeaux paissent l'herbe des prairies, tantôt le sol prend un aspect sauvage, des rochers se détachent sur la verdure des arbres. Enfin à travers les vignes, j'atteins Barr, juste à temps pour manquer le train de Schlestadt et je ne le regrette pas, car dans la brasserie où j'entre pour me reposer, la bière est délicieuse et le propriétaire est un ancien zouave qui, après s'être évadé des prisons d'Allemagne, a fait campagne dans l'armée de Faidherbe. Il me parle de Lille avec plaisir.

Schlestadt ! De belles promenades ont remplacé les remparts : deux belles églises : Ste-Foi, romane, et St-Georges, gothique ; une vieille tour, des gens qui lisent tous le *Petit Parisien*, et par dessus tout cela des moustiques, des moustiques ! Jamais je n'en ai tant vu et c'est sans regret que, le jour suivant, je quitte la ville pour monter au Hoh-Kœnigsburg, le plus vaste château d'Alsace, par Châtenois et le vieux fort de Kintzheim. Le Hoh-Kœnigsburg est situé sur une hauteur isolée qui domine la plaine et Bædeker affirme « que ses murailles de grès rouge apparaissent pittoresquement à travers le vert foncé des châtaigniers de la forêt ». Hélas ! Pour l'instant il est couvert d'échafaudages et plein d'ouvriers. L'Empereur, dont il est la propriété, a entrepris d'en faire un autre Pierrefonds. Que voulez-vous faire dans un « bùrg » où, tout autour de vous, on scie des blocs et l'on gâche du mortier ? Aussi je me hâte de l'abandonner pour Ribeauvillé, le Rappoltsweiler des Allemands, le Rapperschwyr des Alsaciens, qui n'offre de remarquable, comme toutes ces petites villes de la vallée, que sa tour des Bouchers, des pans de murs, restes de l'enceinte fortifiée, de vieilles maisons à pignon pointu, mais aussi sur les pentes qui l'entourent trois vieux châteaux plus pittoresques que ce rendez-vous des corporations du bâtiment qu'est le Hoh-Kœnigsburg : Girsberg, St-Ulrich avec sa belle salle des Chevaliers aux fenêtres géminées dans des arcades et Hoh-Rappolstein, berceau de la famille des comtes de Ribeaupierre, rois des musiciens et ménestrels d'Alsace.

Un tramway de 4 kilomètres me conduit à la station et le soir je débarque dans la ville de Rapp, le général aux 22 blessures et de l'amiral Bruat : Colmar. Sauf la garnison et les fonctionnaires, c'est une ville française et vous pouvez entrer aux cafés Rapp ou Kléber, sans crainte d'y rencontrer des immigrés. La ville a une belle promenade avec les statues de Rapp et de Bruat, œuvres de Bartholdi, un autre Colmarois, dont une rue porte déjà le nom. Beaucoup de vieilles maisons curieuses, l'église St-Martin où se trouve « la Vierge dans un buisson de roses », chef-d'œuvre de Martin Schongauer, encore un enfant de la ville et le Musée, installé dans un vieux cloître de Dominicains et dont les œuvres d'Holbein, Dürer et Schongauer forment le plus bel ornement.

Dans les environs, de vieilles forteresses féodales, avec les mêmes vues étendues et superbes sur la plaine, le Rhin et la Forêt-Noire : les trois tours de Drei Exen, encore un château du pape Léon IX qui domine l'antique village d'Eguisheim et plus loin Hohlandsbùrg, Pflixbùrg, disparaissant sous les arbres ; et je descends à Türkheim, petite cité ancienne avec sa tour peinte, son clocher aux tuiles rouges et vertes et où un café « Au Petit Turenne » conserve seul le souvenir de cette victoire par laquelle le maréchal délivra l'Alsace des Impériaux. Un chemin de fer.... électrique, s'il vous plait ! (D'ailleurs villes et villages dans les vallées des Vosges, ayant la force motrice pour rien, grâce aux torrents, sont presque tous éclairés de cette façon que Lille leur envie). Il conduit au pèlerinage célèbre de Notre-Dame des Trois-Épis, devenu surtout une station du cure d'air, mais conservant des *ex-voto* curieux dans sa chapelle, perdue au milieu d'énormes hôtels à l'américaine qui me font horreur ; si bien que je me hâte, au milieu d'un bel orage d'ailleurs, de quitter le plateau et de courir au chemin de fer qui me transporte à Münster, sans trop se presser (Dieu vous garde des chemins de fer allemands !)

Münster n'a rien de très attrayant. Aussi je résolus de faire une excursion à Gérardmer. Partant par Stosswihr et le lac Vert, j'avais l'intention de gagner le Valtin dans la vallée de la Meurthe et de là Gérardmer. En montant, après la forêt qui s'étend jusqu'au lac Vert dont une digue retient les eaux, on rencontre des buissons de hêtres nains de l'apparence la plus chétive, déjetés et courbés par le vent, dépérissant encore sous la dent des troupeaux qui broutent impitoyablement le feuillage. Plus haut encore les Chaumes offrent les espaces dénudés de leurs pâturages, sans aucun arbuste, avec un tapis de myrtilles, de bruyères et de mousses, fort agréable pour la marche en temps sec mais que la pluie transforme en une vaste éponge..... et c'était justement le cas. Une brume épaisse, accompagnée d'une fine pluie dérobait tout à ma vue et ce fut le son des clochettes d'un troupeau qui me guida vers l'habitation d'un « marcaire » (ce sont les pâtres du pays, qui fabriquent le « münster » et le « géromé »).

Impossible, dans cette étendue déserte, avec le brouillard et le manque de chemins, de pousser jusqu'aux lacs Blanc et Noir, et je dus même me fier uniquement à la pente du terrain, car je ne voyais pas à 20 mètres, pour descendre, sur le versant français, au Valtin et de là à Gérardmer. Je ne puis oublier le charmant accueil que me fit la famille de M. Petot, Professeur à notre Faculté des Sciences : grâce à elle je passai là deux bonnes journées.

Gérardmer est agréable mais déjà trop peuplé, ce qui, à mon sens, gâte un peu son joli lac. Mais les environs sont délicieux : le Saut des Cuves, Kichompré, les bords de la Vologne où les fabriques de toile et les scieries, mues par le courant n'enlaidissent pas le paysage, les lacs de Longemer et de Retournemer où conduit un horrible petit tramway à vapeur, peut-être utile, mais dont le fracas, le sifflet et l'odieuse fumée noire feraient souhaiter la disparition.

J'allai jusqu'à La Bresse : là, les pentes déboisées, nues et grises, où les murs de pierres sèches tracent de bizarres dessins, forment un contraste inattendu avec les verdoyantes étendues des bois de sapins gigantesques qui les entourent. Puis je repris la route de Münster, passant cette fois par la Schlùcht. Cette route est vraiment la plus belle des Vosges. Côtoyant les profonds ravins de la Vologne et de la Kleinthalbach, séparés par la crête, elle offre à tout instant des points de vue uniques. Ainsi, près de la Roche du Diable, percée d'un tunnel pour la route, une sorte de promontoire avancé développe au regard surpris la profonde et solitaire vallée où dorment, enchassées dans l'émeraude des bois, ces deux merveilles de grâce : les lacs de Retournemer et de Longemer que réunit le fil d'argent de la Vologne.

A la frontière, des hôtels, des marchands, des gendarmes, des douaniers et toujours une foule de touristes venus de Gérardmer : c'est comme une petite foire. Tout près, le Hohneck ou l'on accède par deux chemins parallèles, l'un français, l'autre allemand. C'est là que l'on conduit chaque année les troupes de Gérardmer pour leur montrer et leur faire saluer la vallée de Münster, la plaine d'Alsace et le ruban lointain du Rhin. La cime est gazonnée, sans aucun buisson. Vers la France les formes sont assez douces : c'est de côté que « le petit lac de Blanchemer abrite ses eaux diaphanes dans une coupe verdoyante ». Vers l'Alsace, outre les escarpements du Hohneck et du Montabbey les sites sont plus sauvages : c'est la gorge de Frankenthal où les ravins, les torrents, les fourrés d'érables, de hêtres, de frênes accrochés aux pentes forment un effet grandiose.

Encore 17 kilomètres d'une route dont les lacets se multiplient aux flancs de la montagne, surplombant les précipices, taillée souvent à vif dans la roche, et je rentre à Münster.

De Münster au ballon de Guebwiller, le chemin le plus intéressant est par Metzeral et Sondernach. Au sortir de la vallée ensoleillée de la Fecht, on entre avec le sentier qui suit un étroit ravin dans l'ombre fraîche de la grande forêt. On grimpe et voici la crête dénudée de l'Oberlauchenkopf. On contourne ensuite la vallée de la Lauch en suivant les hauteurs du Breilfirst, du Drehkopf, du Storchenkopf, sans rencontrer d'autres habitations que des chaumières éparses de marcaires.

En approchant du Grand Ballon (ou ballon de Guebwiller) les Vosges n'ont plus partout cette verdoyante parure de forêts qui fait le charme du Hohwald ou du Donon. Il y a plus de Chaumes servant de pâturages, des bruyères encore, plus d'espaces gris et pelés que la neige recouvre durant six mois. Un beau lac aussi, le lac du Ballon, formé derrière une digue morainique, très poissonneux, paraît-il ; en ce moment, il paraît d'un noir d'encre, dans sa ceinture de sapins sombres, sous les nuées violettes, emportées par l'ouragan et que des éclairs déchirent. Car l'orage vient d'éclater. Un bien magnifique spectacle qu'un orage en montagne, mais lorsqu'il s'y mêle le vent terrible qui m'oblige à me courber pour ne pas être jeté dans un ravin, la brume épaisse qui s'accroche autour des cimes, s'entr'ouvrant parfois sous l'effort de la tempête pour montrer bien loin les vallées de Guebwiller et de St-Amarin.... il vaut mieux gagner un abri. Fort heureusement l'hôtel du Ballon est proche, plein d'excursionnistes de Mulhouse, surpris par l'orage et qui étaient venus dans l'espérance de voir les Alpes !

Il faut y renoncer et descendre à St-Amarin, le lendemain, toujours dans le brouillard glacé, sous les sapins qui ruissellent, emplissant la forêt du bruit monotone de l'eau qui s'égoutte, par un chemin rendu glissant par l'humidité. Dépassés les sapins et les hêtres, c'est en descendant, des châtaigneraies et des taillis mêlés de chênes, auxquels il faut déjà une terre plus profonde, puis, au sortir de la forêt, les vergers de pommiers, cerisiers et merisiers dont on fait un kirsch renommé, les vignes sur les talus les mieux exposés et tout au fond, tout au fond, baignée des clairs rayons du soleil qui perce la brume, l'étroite plaine bordant la Thùr et toute bruissante du travail humain.

Toutes ces localités de la vallée ont des fabriques : Wesserling, St-Amarin travaillent le coton, Malmerspach la laine, Thann les produits chimiques. Je m'arrête là entre deux trains pour admirer, de Thann, son église St-Thiébault, bijou gothique à la flèche élancée et l'Engelbourg, son vieux château, détruit soi-disant, par Turenne (en réalité par un intendant d'Alsace) et dont une tour renversée tout d'une pièce semble un gigantesque canon.

Puis en route pour Mulhouse : Ah ! la bonne et brave ville. C'est certes la cité d'Alsace où j'ai eu au plus haut point la sensation d'être en pays très français. Son aspect même, sans être bien attrayant, n'a rien que de français : pas de ruelles étroites avec des pignons pointus et des vitres à meneaux de plomb. Au contraire de belles rues larges, avec des arcades, presque des boulevards. C'est surtout l'esprit de la population qui est excellent. Victor Tissot dit quelque part : « Il y a un siècle le Mulhousien était Suisse et il a conservé dans son esprit et dans son caractère des allures de républicain. Il ose dire ce qu'il pense et il pense ce qu'il dit. Aux yeux des Allemands c'est le plus redoutable des Alsaciens », et de fait cet esprit apparaît à chaque instant dans la conversation, au magasin ou dans la rue. La langue du commerce c'est le français, et cependant les ouvriers parlent presque tous le dialecte alsacien. Pas de journaux allemands, mais tous les journaux de Paris s'offrant aux étalages. Pas un livre allemand, pas une gravure allemande, mais les libraires se livrent à des manifestations protestataires qui étonnent, trente ans après l'annexion : je me souviens d'avoir noté, en particulier, un étalage de la rue du Commerce, composé de la façon suivante : au centre l'album de Job et Montorgueil « l'Histoire de France en images », et tout autour « l'Alsace » de Charles Grad, les « Chants du troupier français » de Fragerolle, « Gloires et Souvenirs militaires » de Ch. Bigot, « l'Almanach du Drapeau » et les derniers romans de Marcel Prévost, de Daudet, Loti, Barrès, Zola, Bourget. Ailleurs c'étaient des expositions de gravures : tout ce que vous connaissez de Meissonier, de Neuville, de Detaille était là : « Un Brave », « la Surprise au petit jour », « 1807 », « la Garde du Drapeau », « Pour la Patrie », « la Reddition de Huningue », des portraits de Napoléon, de Kléber, de Hoche, etc., etc., et pas une gravure allemande. D'ailleurs Mulhouse a peu de curiosités : un Hôtel de Ville décoré de fresques, les fameuses « Cités ouvrières » de Jean Dollfus et c'est tout.

De Mulhouse à Belfort, le train remonte la jolie vallée de l'Ill. C'est, autour d'Altkirch, le Soundgau, régions de collines et de plateaux où viennent expirer les dernières ondulations du Jura, région éminemment agricole : des bouquets de bois, des prairies, des champs de froment sur les pentes sillonnées par les lents attelages de bœufs ; quelques vignes encore qui se chauffent au soleil. Ne cherchez pas le col de Valdieu qui n'existe que dans l'imagination de quelques géographes : c'est sans s'en apercevoir que l'on passe ici dans le « bassin du Rhône ».

Le train s'arrête à Belfort où je jette un coup d'œil sur la Citadelle et le fameux Lion. Autour de la ville ce ne sont que forts et batteries perchés sur toutes les croupes. Je repars pour Giromagny, industrieuse petite cité qui s'étend le long de la Savoureuse et remarquable à un point de vue tout spécial : par la quantité d'absinthe que l'on y boit. C'est d'ailleurs une triste constatation pour la France que j'ai pu faire encore un peu plus tard, en passant d'Allemagne chez nous par la Belgique : à Cologne on ne connaît guère l'alcool ; à Aix-la-Chapelle, ville à demi-belge, il apparaît un peu plus, et à Liège, on se sent en France : il règne en maître........ et vous savez que chez nous....!.....

De Giromagny une belle route me conduisit au sommet du ballon d'Alsace par la jolie chute du Saut de la Truite. Le sommet du ballon d'où l'on a une belle vue est une vaste croupe à peine arrondie, gazonnée, sans arbres, tombant à pic sur la vallée de la Doller. De là je redescendis à travers bois sur St-Maurice et Bussang, d'où le lendemain je gagnai Wesserling par le tunnel où passe la route et j'y pris le train pour Bâle, quittant définitivement l'Alsace où je vous laisserai, puisque là se bornait la partie « officielle » de mon voyage et que l'autre toute « personnelle » nous entraînerait trop loin.

Et maintenant quelle sera ma conclusion ? Contrairement à tant de pessimistes qui vont partout, répétant que l'Alsace ne pense plus à nous, pour se dispenser de penser à elle, je n'ai trouvé nulle part de motif de désespérer. Beaucoup se laissent tromper par la germanisation des grandes villes, Metz et Strasbourg où ils passent seulement, germanisation qui s'explique facilement par le départ de tant d'indigènes et l'afflux des immigrés allemands. Mais les petites villes Barr, Obernai, Schlestadt, Münster, Colmar et même la grande Mulhouse n'ont d'allemand que leurs fonctionnaires et leur garnison. Les campagnes n'ont guère changé. On n'y parle pas le français, dit-on. Le parlait-on plutôt avant la guerre ? J'en doute. Le patois alsacien règne là où régnait le patois alsacien, et le français est toujours uniquement parlé dans le pays Messin, vers la trouée de Belfort, dans les hautes vallées des Vosges, comme il y a trente ans. Partout ailleurs, c'est la langue du commerce et, pour ma part, que ce fût à Münster, à Saverne ou à Ribeauvillé, ou même sur la route, avec le paysan ou le cantonnier, le français m'a toujours suffi. Comment pourrait-il en être autrement ? Il est si bien établi que parler français est la marque d'une bonne éducation que les premiers immigrés de Metz se disent aujourd'hui Français et que les autres — je parle de la classe aisée — font enseigner notre langue à leurs enfants : je n'en veux d'autre preuve que les plaintes d'un journal allemand à ce sujet, il y a un mois à peine.

Quant aux sentiments — j'ai pu m'en convaincre par la conversation — ils sont invariables ; et l'administration allemande l'a si bien compris qu'elle n'essaye plus aujourd'hui de faire des Alsaciens des fils de l'Allemagne et tâche seulement de propager parmi eux un culte exclusif pour la personne de l'Empereur.

Mais ce qui est à craindre, c'est que les Alsaciens, négligés et oubliés par nous, ne nous oublient à leur tour. Et vraiment il est temps de renoncer à la fameuse parole : « Pensons-y toujours, n'en parlons jamais ! » Parlons-en sans cesse, au contraire : c'est le seul moyen, pour des Français, d'y penser un peu. Comme l'a dit Barrès : « Dans cette harmonie qui s'appelle la France, gardons sa place à la voix de l'Alsace et de la Lorraine. Il faut que nous continuions, malgré l'accident politique, à considérer ces deux provinces comme faisant partie de l'organisme français, comme participant de son esprit et de ses destinées. Il faut qu'elles sachent elles-mêmes qu'elles occupent cette place parmi nous et que nous nous intéressons à tout ce qui se passe chez elles. Il faut que les Alsaciens-Lorrains continuent à être ce qu'ils étaient au lendemain de la guerre : des favoris du peuple français ». Il faudrait aussi, je crois, que les Français aillent chez eux ; que ceux qui vont à Gérardmer, à Bussang ou à Plombières, regardent comme un devoir de pousser jusqu'à Strasbourg ou jusqu'au grand Ballon ; qu'on organise des caravanes d'excursionnistes pour le Donon ou Ste-Odile comme pour les grottes de Han ou pour le Cervin, et je crois que l'on n'y perdrait rien. Les Vosges et l'Alsace méritent infiniment d'être plus connues. Elles ont de quoi satisfaire le touriste, l'archéologue ou simplement l'amateur de bon air pur, et même l'industriel ou le commerçant en herbe qui apprendrait tout autant à Mulhouse ou à Thann qu'à Aix-la-Chapelle ou à Barmen. Ces rapports incessants auraient de plus l'avantage de forcer l'Alsacien à parler notre langue et par là à s'imprégner davantage des idées et de la civilisation française, en un mot de le forcer à rester Français.

Cela nous permettrait d'attendre, sans négliger d'autre part l'avis que nous donne le grand capitaine auquel il faut toujours penser, quand on pense à l'Alsace : « Monsieur de Turenne, dit La Fare dans ses Mémoires, sentait toute l'importance et tout le prix de la frontière d'Alsace ; il était persuadé que, tant qu'il y aurait un soldat allemand dans l'Alsace, il ne fallait point qu'en France un seul homme de guerre restât en repos ».

Lucien FRETIN.

1902.

Lille Imp. L. Danel.

On pourrait compter ceux qui continuent à voir clair, à entendre net et à dire tout haut : « L'Alsace qu'on abandonne, n'abandonne pas la France » On pourrait les compter. Ils doivent se compter.

[Sc. et Doct. du Nationalisme]
page 302

Permettez, mon cher Maître, à un étudiant de se compter au nombre de vos disciples, de ceux qui veulent la France intégrale et de vos plus respectueux admirateurs

Lucien Fréteux

www.ingramcontent.com/pod-product-compliance
Lightning Source LLC
LaVergne TN
LVHW010314230826
846091LV00007B/3153

* 9 7 8 2 0 1 9 9 1 1 4 2 3 *